노인 문답

노인 문답

1953년 3월 1일 교회 인가
1953년 3월 1일 초판 1쇄 펴냄
1994년 2월 10일 개정 초판 1쇄 펴냄
2008년 7월 10일 개정 2판 1쇄 펴냄
2023년 5월 7일 개정 3판 1쇄 펴냄

엮은이 · 가톨릭출판사
펴낸이 · 정순택
펴낸곳 · 가톨릭출판사
편집 겸 인쇄인 · 김대영
편집 · 정주화
디자인 · 정호진
마케팅 · 임찬양

본사 · 서울특별시 중구 중림로 27
등록 · 1958. 1. 16. 제2-314호
전자우편 · edit@catholicbook.kr
전화 · 1544-1886(대표 번호)
지로번호 · 3000997

ISBN 978-89-321-1857-4 03230

값 9,000원

이 책의 한국어 출판권은 (재)천주교서울대교구 가톨릭출판사에 있습니다.
이 책은 저작권법에 의해 보호를 받는 저작물이므로 무단 전재와 무단 복제를 금합니다.

전례문 © 한국천주교중앙협의회, 2023.

가톨릭의 모든 도서와 성물을 '가톨릭출판사 인터넷쇼핑몰'에서 만나 보실 수 있습니다.
http://www.catholicbook.kr | (02) 6365-1888(구입 문의)

가톨릭 주요 교리 문답 | 가톨릭 주요 기도문

노인 문답

가톨릭출판사 엮음

가톨릭출판사

| 머리말 |

생명의 주재자이시며 우리의 영원한 삶의 동반자는 주님이십니다. 그분을 믿음으로써 우리는 모든 두려움에서 벗어날 수 있고 그분 안에서 영원한 행복을 누릴 수 있습니다.

이 책은 가톨릭교에 입교하려는 어르신이나, 세례는 받았지만 교리를 잘 알지 못하는 분들을 위한 교리 책입니다. 가톨릭 교리의 핵심이 되는 내용을 문답식으로 풀이함으로써 가톨릭 교리를 쉽게 이해할 수 있도록 구성하였습니다.

하느님께서 친히 명하신 기도는 우리 구원에 가장 중요한 것 중 하나라고 할 수 있습니다. 기도 없이 구원받기는 힘든 일입니다. 그러므로 마치 예수님께서 친히 '주님의 기도'를 가르쳐 주시어 우리를 기도하도록 하신 것처럼 성교회에서도 여러 가지 기도문을 지어 우리에게 기도하기를 권하고 있습니다. 그래서 교리 문답과 함께 여러 가지 기도문 가운데 주모경과 사도신경, 아침·저녁기도 등과 같은 가톨릭 주요 기도문들을 모아서 엮었습니다.

하느님이 어떤 분이신지 가톨릭교가 어떤 종교인지를 알고 기도를 함으로써 참행복의 길인 그리스도 안에서 새롭게 태어나, 참된 신앙인이 되시길 바랍니다.

| 차 례 |

가톨릭 주요 교리 문답   9

가톨릭 주요 기도문   47

가톨릭 주요 교리 문답

가톨릭 교리에서 중요한 내용들을 질문과 대답의 형식으로 구성하였습니다.

1 사람은 무엇을 위하여 세상에 났습니까?
사람은 하느님을 알아 공경하고, 자기 영혼을 구하기 위하여 세상에 났습니다.

2 하느님을 공경하고, 자기 영혼을 구하려면 어떻게 해야 합니까?
가톨릭교를 믿고 하느님의 뜻에 맞게 살아야 합니다.

3 하느님은 누구십니까?
하느님은 유일하시고 전능하시며 사랑과

자비가 넘치는 분으로 세상 만물과 인간을 창조하신 분이십니다.

4 하느님은 영원하십니까?
하느님은 영원하시니 시작도 없고 마침도 없으시며 변하지 않는 분이십니다.

5 하느님은 전지(全知)하십니까?
하느님은 전지하시니 모르시는 것이 없으셔서, 사람의 은밀한 생각까지 다 아십니다.

6 하느님은 무량(無量)하십니까?
하느님은 무량하시니 아니 계신 데 없이, 모든 곳에 다 계십니다.

7 하느님은 공평하시고 정의로운 분이십니까?
하느님은 공평하시고 정의로우시니 옳은 일을 하고 착한 일을 한 이에게는 당신과 함께 천국에서 영원한 생명을 누리게 해 주시지만 악한 이에게는 지옥의 형벌을 내리십니다.

8 하느님은 전능(全能)하십니까?
하느님은 전능하시니 하고자 하시는 바는 무엇이든지 다 하십니다.

9 하느님은 전선(全善)하십니까?
하느님은 전선하시니 모든 선의 근원이시며, 우리의 기도를 즐겨 들어주십니다.

10 하느님은 몇 분이 계십니까?
하느님은 오직 한 분만 계십니다.

11 한 분이신 하느님 안에 서로 구별되는 삼위(三位)는 누구십니까?

한 분이신 하느님은 세 위격으로 계시며, 곧 성부, 성자, 성령이십니다.

12 하느님이 창조하신 만물 중에 가장 존귀한 것은 무엇입니까?

만물 중에 가장 존귀한 것은 천사(天使)와 사람입니다.

13 천사는 무엇입니까?

천사는 하느님으로부터 창조된 피조물 중에 가장 뛰어난 존재로서 하느님을 모시는 영적인 존재입니다. 하느님께서는 인간을 창조하시기 전에 이미 지력(智力)과 자유 의지를 지닌 천사를 창조하셨습니다. 그리고 그들을 초

자연적 지위에 올려 놓으시고 그들의 자유 의지로서의 실천으로 하느님을 직접 뵈올 수 있는 영원한 복을 허락하셨습니다.

14 자신을 항상 보호해 주는 수호천사를 어떻게 대해야 합니까?

자신의 수호천사를 공경하고 사랑해야 하며 그에게 도움을 청해야 합니다. 또한 잠잠히 타이르는 수호천사의 말을 잘 들어야 합니다.

15 인류 최초의 조상은 누구입니까?

인류 최초의 조상은 아담과 하와입니다. 하느님은 그들을 낙원에 두시어, 그들이 당신의 계명(誡命)을 잘 지킴으로써 죽지 않고 하늘나라에 살게 하셨습니다.

16. 인류 최초의 조상인 아담과 하와는 주님의 계명을 지켰습니까?

인류 최초의 조상은 주님의 계명을 지키지 않았습니다. 그들은 악마(뱀)의 유혹에 빠져 먹지 말라고 한 열매(지선악과)를 따먹음으로써 교만한 죄와 불순명한 죄를 범하였습니다.

17. 하느님은 인류 최초의 조상을 어떻게 벌하셨습니까?

하느님은 아담과 하와에게 주셨던 모든 은총을 도로 거두시고, 그들을 낙원에서 내쫓았습니다. 이로써 인간은 하느님과 함께 살면서 누린 기쁨과 평화를 잃어버리게 되어 힘들고 고달픈 삶을 살아가게 되었습니다.

18 인류 최초의 조상인 아담이 지은 죄가 모든 인간에게 되물림되는 것을 무엇이라 합니까?

원죄(原罪)라고 합니다.

19 원죄로 말미암아 죽음을 맞게 된 인간에게 더 이상 구원의 희망은 없습니까?

그렇지 않습니다. 하느님은 무한하신 자비로 인간에게 구원에 대한 약속과 희망을 주셨습니다. 즉, 구세주를 허락하시고, 그분을 우리에게 보내 주셨습니다.

20 구세주는 누구십니까?

구세주는 예수 그리스도이십니다. 그분은 하느님의 아드님(천주 성자)으로서 사람이 되신 분이십니다.

21 하느님의 아드님이신 예수 그리스도께서는 어떻게 사람이 되셨습니까?

예수 그리스도께서는 영혼과 육신을 취하시어 동정 마리아 몸에서 나심으로써 사람이 되셨습니다.

22 예수님은 어떻게 우리를 구원하셨습니까?

우리를 위하여 고난을 즐겨 받으시고 십자가에 못 박혀 죽으심으로써 우리를 구원하셨습니다.

23 예수님은 죽으신 후에 어떻게 되셨습니까?

예수님은 미리 말씀하신 대로, 죽으신 지 사흘 만에, 당신 전능으로 영혼과 육신을 결합하여 다시 살아나셨습니다. 이를 예수님 부활(復活)이라고 합니다.

24 예수님은 부활하신 후 사십 일이 되는 날에 무엇을 하셨습니까?

예수님은 부활하신 후 사십 일이 되는 날에, 당신 전능으로 하늘에 오르셨습니다. 이를 예수님 승천(昇天)이라고 합니다.

25 성령(聖靈)은 누구십니까?

성령은 삼위일체이신 하느님의 세 번째 위격으로, 성부와 성자에게서 나오는 분이십니다. 성부와 성자와 같이 참하느님이시고, 성부와 성자와 더불어 참하느님이십니다.

26 성모 마리아는 누구십니까?

성모 마리아는 예수 그리스도의 어머니로서 처음부터 끝까지 예수님과 함께 계셨기에 하느님 구원 사업의 협조자가 되셨습니다.

하느님의 특별한 은총을 받으신 성모 마리아는 교회의 어머니시요 우리의 어머니시며 모범으로서 모든 그리스도인의 희망이십니다.

27 가톨릭교회는 무엇입니까?
그리스도를 믿는 사람들의 공동체로 예수님이 친히 세우신 거룩하고 보편되며 사도로부터 이어 온 교회입니다.

28 예수님은 왜 교회를 세우셨습니까?
인간에 대한 당신 구원 사업을 이 교회 안에서 계속하여, 모든 사람이 그 구원 공로를 받게 하시려고 교회를 세우셨습니다.

29 예수님은 교회를 몇 개나 세우셨습니까?
예수님은 하나의 교회만을 세우셨습니다.

30 **사람이 죽으면 그 영혼도 죽습니까?**
사람이 죽어도 그 영혼은 죽지 않습니다. 다만 자신의 행실에 따라 상이나 벌을 받습니다.

31 **그 상이나 벌은 누가 결정하십니까?**
그 상이나 벌은, 하느님이 심판하시고 결정하십니다.

32 **심판에는 몇 가지가 있습니까?**
심판에는 두 가지가 있습니다. 사심판(私審判)과 공심판(公審判)입니다.

33 **사심판은 무엇입니까?**
사심판은, 사람이 죽은 뒤 육신을 떠난 영혼이 곧 하느님 앞에서 혼자 받는 심판입니다.

34. 사심판의 판결은 어떠합니까?

사심판의 판결은 사람마다 각각 다릅니다. 죄가 없어서 보속(補贖)할 것이 전혀 없이 깨끗한 영혼은 바로 천국에 오르고, 대죄 중에 있는 영혼은 바로 지옥에 내리고, 소죄나 보속할 죄벌(罪罰)이 남아 있는 영혼은 연옥으로 갑니다.

35. 천국은 무엇입니까?

천국은 천사와 성인들이 하느님을 모시고, 완전한 복락을 끝없이 누리는 곳입니다.

36. 지옥은 무엇입니까?

지옥은 마귀와 악인들이 혹독한 형벌을 끝없이 받는 곳입니다.

37 연옥은 무엇입니까?
연옥은 세상에서 보속을 다하지 못하고 떠난 영혼들이, 천국에 들어가기까지 단련을 받는 곳입니다.

38 죽은 사람이 모두 다시 살아납니까?
죽은 사람이 모두 세상 마칠 때에 다시 살아나서, 하느님의 전능으로 영혼과 육신이 결합하여 개별적으로 받은 사심판의 내용을 모든 사람 앞에서 공포하는 공심판을 받습니다. 공심판은 세상 종말에 모든 인류를 대상으로 그리스도가 행하시는 최후의 심판입니다.

39 구원을 받기 위해서는 가톨릭 교리를 믿기만 하면 됩니까?
그것만으로는 부족합니다. 십계명과 가톨릭교회

법규를 다 지키며 덕을 닦고 죄를 피해야 합니다.

40 **사람이 자기 힘만으로 교리를 믿고 계명을 지킬 수 있습니까?**

그럴 수 없습니다. 반드시 하느님의 은총이 있어야 합니다.

41 **은총은 무엇입니까?**

은총은 하느님이 우리에게 선물하시는 모든 것을 말합니다.

42 **하느님의 은총은 어떻게 받을 수 있습니까?**

특별히 기도와 성사(聖事)를 통해서 하느님의 은총을 받을 수 있습니다.

43 **기도가 왜 중요합니까?**
기도는 하느님이 명하신 것으로, 기도를 하지 않는 사람에게는 하느님이 당신 은총을 주시지 않기 때문입니다.

44 **기도는 주로 어느 때에 해야 합니까?**
기도는 예수님 말씀대로 끊임없이 해야 합니다. 다만, 매일 아침과 저녁, 모든 주일과 의무 축일과 축일, 또한 마귀로부터 유혹당할 때에 해야 합니다.

45 **하느님이 기도를 들어 주시리라 확신할 수 있는 근거는 무엇입니까?**
예수님은 생전에 그분에게 간청했던 수많은 이들의 기도를 들어주셨습니다. 부활하신 예수님은 지금도 살아 계시고 우리 청원에 귀 기울이시며 우리 청원을 하느님께 전해 주십니다. 교회의 모든 성인들도 기도가 이루어진다는 것을 증언하고 있습니다.

46 하느님께 청해야 하는 이유는 무엇입니까?

하느님은 우리를 샅샅이 알고 계십니다. 그럼에도 불구하고 그분은 우리가 청하기를 바라십니다. 그분께 청할 때 우리는 마음을 열고 그분께 돌아서기 때문입니다. 이처럼 기도는 하느님과 우리 사이가 올바르게 되도록 이끕니다.

47 하느님께 감사드려야 하는 이유는 무엇입니까?

우리 존재뿐 아니라 우리가 소유한 모든 것은 하느님에게서 왔습니다. 좋은 것 모두를 주시는 하느님께 감사드림으로써 우리는 행복해집니다.

48 하느님을 찬양한다는 것은 무엇을 뜻합니까?

우리는 하느님에 대한 기쁨과 마음속에 간직한 환호를 자발적으로 표현할 필요가 있습니다. 하느님이 존재하시고 그분은 좋은 분이시기에 우리는 그분을 찬양합니다.

49 우리는 묵상을 통해 무엇을 이룰 수 있습니까?

우리는 묵상을 통해 하느님과 친밀감을 느끼고 그분의 현존 속에서 평화를 얻을 수 있습니다.

50 **성사는 무엇입니까?**
성사는 그리스도께서 세우시고 교회에 맡기신 은총의 효과적인 표징들로서, 우리가 볼 수 없는 하느님을 체험하게 하고 하느님의 은총을 전해 줍니다.

51 **성사에는 몇 가지가 있습니까?**
예수님께서는 교회 안에 일곱 가지 성사를 제정하셨습니다. 세례성사, 견진성사, 고해성사, 성체성사, 병자성사, 성품성사, 혼인성사입니다.

52 **세례성사는 무엇입니까?**
세례성사는 물로 씻는 예절로 이루어지는 성사입니다. 이 성사를 받는 사람은 그 원죄와 본죄(本罪), 그 죄벌까지 온전히 용서를 받고, 하느님의 참된 자녀가 됨으로써 교회의 일원이 되고, 다른 성사를 받을 자격을 얻습니다.

53 세례성사를 받기 위해서는 어떠한 준비가 필요합니까?

세례를 받고자 하는 열망과, 하느님에 대한 확고한 신앙, 신앙생활을 할 수 있는 최소한의 교리 지식을 갖추어야 합니다. 또한 지금까지 지은 죄를 뉘우치고 회개하는 마음이 있어야 합니다.

54 세례성사를 받는 사람은 무엇을 약속합니까?

마귀를 끊어 버리고, 교리를 믿어 증거하고, 계명을 지키기로 약속합니다.

55 견진성사는 무엇입니까?

견진성사는 세례성사를 받은 신자에게 신앙을 견고하게 하고자 성령과 그 일곱 가지 선물을 주는 성사입니다. 이 성사를 받는 사람은 더욱 성숙한 하느님의 일꾼이 됩니다.

56 성령의 일곱 가지 선물은 무엇입니까?

성령의 일곱 가지 선물은 슬기(지혜), 통찰(깨달음), 의견(일깨움), 굳셈(용기), 지식(앎), 효경(공경), 경외(두려워함)입니다.

57 성령의 열매란 무엇입니까?

성령의 열매는 사랑, 기쁨, 평화, 인내, 호의, 선의, 성실, 온유, 절제입니다. 이는 하느님께 자신을 내어 드린 사람이 맺는 결실로, 그리스도인들의 삶에 하느님이 실제적인 역할을 함을 보여 줍니다.

58 견진성사를 받은 사람은 어떻게 살아가야 합니까?

견진성사를 받은 사람은 덕에 나아가야 하고, 하느님을 위하여 세상 환난을 참아 받고, 다른 사람들의 영혼 구원에 힘써야 합니다.

59 죄란 무엇입니까?

우리가 뚜렷한 의식 상태에서 의지를 지닌 채 하느님께서 사랑으로 계획하신 일들의 참된 질서를 깨뜨리려는 의도나 말, 행위를 말합니다. 죄는 나 자신을 파괴하고 우리가 살고 있는 세계를 오염시키고 파괴합니다.

60. 악습은 무엇입니까?

악습은 인간을 악으로 기울어지게 하는 나쁜 습관을 말합니다.

61. 대죄와 소죄는 어떻게 구별합니까?

대죄는 우리 마음속에 있는 사랑을 파괴하는 죄로 하느님께 등을 돌리게 만드는 죄를 말합니다. 사랑이 파괴되면 우리는 영원한 행복을 누릴 수 없습니다. 소죄는 그저 하느님과 맺은 관계에 해를 끼치는 정도의 죄를 뜻합니다.

62. 대죄에서 벗어나는 방법은 무엇입니까?

대죄에서 벗어나려면 고해성사를 통해 하느님과 우리 자신의 관계를 회복하고 하느님과 화해해야 합니다.

63 고해성사는 무엇입니까?
고해성사는 세례를 받은 이후로 지은 모든 죄를 용서해 주는 성사로 치유와 회복의 성사입니다.

64 고해성사를 이루는 요소는 무엇입니까?
고해성사에는 다섯 가지 중요한 요소가 있습니다. 즉, 성찰(省察), 통회(痛悔), 정개(定改), 고백(告白), 보속(補贖)입니다.

65 자신이 지은 죄를 어떻게 성찰해야 합니까?
지은 죄의 횟수와 종류, 내용 하나하나를 성찰해야 합니다. 특히 대죄에 대해서는 빠짐없이 성찰해야 합니다.

66 죄가 크지 않은 경우에도 고해성사를 봐야 합니까?

고해성사를 볼 필요가 없는 경우라도 치유라는 은총과 주님과 더욱 깊은 결합이라는 더 큰 은총을 받기 위해 고해성사를 보는 것이 좋습니다.

67 고해성사의 다섯 가지 요소 중에 제일 중요한 요소는 무엇입니까?

고해성사의 제일 중요한 요소는 통회입니다. 이는 자신이 지은 죄를 진심으로 뉘우치고 아파하는 것입니다.

68 통회에는 몇 가지가 있습니까?

상등(上等) 통회와 하등(下等) 통회, 두 가지가 있습니다.

상등 통회는 참회자가 하느님에 대한 참된 사랑을 바탕으로 자신이 지은 죄로 마음 아파하실 하느님을 생각하며 죄를 뉘우치는 것으로 '완전한 참회'라고도 합니다.

하등 통회는 참회자가 단지 자신이 받을 처벌이 두려워서 죄를 뉘우치는 것으로, '불완전한 참회'라고도 합니다.

69 정개는 무엇입니까?

정개는 다시 죄를 짓지 않고, 또한 죄 지을 기회를 피하기로 결심하는 것입니다.

70 고백은 무엇입니까?

고백은 고해성사권이 있는 사제 앞에 성찰한 죄를 고백하는 것입니다.

71 **고백은 어떻게 해야 합니까?**
성찰한 모든 대죄는 하나도 빠짐없이 고백하여야 합니다.

72 **보속은 무엇입니까?**
보속은 그 죄에 대한 대가를 치러야 하는 보상으로, 하느님이 정하신 것과 고해 사제가 정해 주는 것이 있습니다.

73 **사제가 주는 보속은 주로 어떤 것입니까?**
사제가 주는 보속은 대부분 기도문의 기도를 바치거나 선행을 실천하는 것입니다. 이는 고해성사를 본 후에 하면 됩니다.

74 **대사(大赦)는 무엇입니까?**
우리가 죄를 범했을 때 고해성사로 죄

를 용서받지만 그 죄에 따른 벌은 남아 있습니다. 대사는 예수님의 공로와 성모님, 기타 성인 성녀들의 공로를 통해서 그 죄에 해당되는 벌을 면하게 해 주는 교회의 특별 사면 제도입니다.

75 대사를 얻는 데 필요한 조건은 무엇입니까?

세례 받은 사람으로서 파문을 당하지 않아야 하고, 대사를 받겠다는 뜻을 두어야 합니다. 또한 정해진 기도와 선행을 온전히 실천해야 하고, 적어도 기도와 선행을 마칠 때에 대죄 상태에 있지 않아야 합니다.

76 성체(聖體)는 무엇입니까?

성체는 빵과 포도주의 형상 안에 살아 계신 예수님입니다.

77 성체성사(미사)는 무엇입니까?

성체성사(미사)는 예수님께서 우리 죄를 없애기 위해서 십자가에 못 박혀 돌아가심으로써 바치신 제사를 기념하고 재현하는 것입니다. 사제의 손으로 빵과 포도주의 형상 안에 살아 계신 예수님의 몸과 피를 하느님 아버지께 바치는 가장 숭고한 제사입니다.

78 사제가 미사 중에 빵과 포도주를 들고 기도문을 외우면 어떻게 됩니까?

예수님이 성체를 세우실 때와 같이, 빵과 포도주는 살아 계신 예수님의 살과 피로 변화(거룩한 변화)됩니다. 하지만 빵과 포도주의 모습은 그대로 남아 있습니다.

79 영성체(領聖體)는 무엇입니까?

영성체는 예수님의 몸(축성한 제병)을 받아 먹음으로써 살아 계신 참예수님을 마음 안에 모시는 것입니다.

80 영성체를 하기 위해서는 어떤 준비를 해야 합니까?

첫째는 영혼의 준비로, 하느님과의 일치를 방해하는 대죄가 없어야 합니다. 대죄가 있으면 고해성사를 봄으로써 멀어진 하느님과의 관계를 회복해야 합니다. 둘째는 육신의 준비로, 성체를 받아 모시기 한 시간 전부터 물과 약 이외에는 아무것도 먹지 않는 공복재(空腹齋)를 지키고, 몸을 단정하게 해야 합니다.

81 영성체 하기 전에 무엇을 해야 합니까?

영성체 하기 전에는 미사를 집전하는 사제와 뜻을 같이하여, 믿음, 소망, 사랑을 간구하고, 자신의 죄를 깊이 뉘우치면서 예수님이 내 마음에 오시기를 간절히 원해야 합니다.

82 영성체를 한 후에는 무엇을 해야 합니까?

영성체 한 후에는 예수님을 흠숭하며 그분께 감사의 정을 드러내고, 영혼과 육신을 예수님께 드리며, 그렇게 할 수 있는 은총을 청해야 합니다.

83 병자성사는 무엇입니까?

병자성사는 병고에 시달리거나 임종을 앞두고 있는 교우에게 위로와 용기를 주며 주님께서 바라실 경우 치유의 은총도 주는 성사입니다.

84 병자성사를 받는 사람은 병자성사를 받기 전에 무엇을 해야 합니까?

첫째, 자신의 죄를 사제에게 고백해야 합니다. 만약 그럴 상황이 안 되면 죄를 진심으로 뉘우쳐야 합니다. 둘째, 병자성사를 받는 사람은 믿음, 소망, 사랑의 마음으로 자신의 모든 것을 하느님의 거룩한 뜻에 맡겨야 합니다. 그런 후에 죽음이 임박한 교우에게 주는 노자성체(路資聖體)를 청해야 합니다.

85 그리스도교의 장례가 지닌 특징은 무엇입니까?

그리스도교의 장례는 망자에 대한 교회 공동체

의 봉사라고 할 수 있습니다. 우리는 그리스도 안에서 죽음으로써 결국 그리스도와 함께 부활하는 기쁨을 누리게 됩니다.

86 영원한 행복이란 무엇입니까?

영원한 행복이란 성부와 성자와 성령이신 하느님 안에서 영원히 살고 기뻐하며 그분과 하나가 되는 것입니다.

87 성품성사는 무엇입니까?

성품성사는 그리스도께서 당신의 사제권[신권(神權)]을 인간에게 주시어 그들이 이 성사로 주교와 사제와 기타 성직자들을 세우고, 이들이 성무 수행을 하는 데 필요한 은총을 주는 성사입니다.

88 사제들에 대한 교우들의 본분은 무엇입니까?

사제들을 경애하고, 그들의 지도를 따라야 합니다. 또한 가톨릭교회 안에 거룩한 성직자를 주시기를 주님께 자주 간구해야 합니다.

89 혼인성사는 무엇입니까?

혼인성사는 예수님께서 부부의 계약을 성사로 세우신 것입니다. 이는 한 남자와 한 여자가 하느님과 공동체 앞에서 자유로이 혼인계약을 맺고 결합함으로써 사랑과 봉사의 삶을 살아갈 수 있도록 도와주는 성사입니다.

90 혼인성사를 이루기 위해 필요한 조건은 무엇입니까?

아무 장애가 없어야 하고, 가톨릭 교리를 알고

또 견진성사를 받은 사람으로서 대죄가 없어야 합니다. 또한 성직자와 두 증인 앞에서 예식을 거행해야 하고, 당사자들의 자유로운 의사로 혼인하는 것임을 드러내야 합니다.

91 혼인의 목적은 무엇입니까?
사랑으로 일치를 이룬 부부가 자녀를 낳고 양육함으로써 사회 발전에 기여하는 것입니다. 또한 신앙 교육을 통해 구원 사업의 협조자가 되는 것입니다.

92 혼인하는 자녀에 대해 부모는 어떠한 태도를 지녀야 합니까?
부모는 다른 모든 이익보다 자녀의 장래와 특별히 그 신익(神益)을 더 중요하게 여기고, 자녀의 자유로운 의사를 막지 않아야 합니다.

93 성유물을 공경해도 됩니까?

성유물을 공경하는 것은 우리 인간의 자연스러운 욕구로 성유물을 통해 하느님의 업적을 찬양하는 것이 성유물을 올바르게 공경하는 자세입니다.

94 성지 순례는 어떤 의미입니까?

성지 순례를 하면서 우리는 자신의 온 생애가 하느님께 가는 하나의 긴 여정임을 온몸으로 체험하게 됩니다.

95 십자가의 길은 무엇입니까?

십자가의 길은 예수님이 걸으셨던 14처의 길을 묵상하고 뒤따르며 바치는 기도로 교회의 오래된 신심 행위입니다.

96 향주삼덕(向主三德)이란 무엇입니까?

신적인 덕행인 믿음, 희망, 사랑을 말합니다.

97 교회가 정한 다섯 가지 법규는 무엇입니까?

교회는 신자들에게 다음 다섯 가지 사항을 지키도록 당부합니다. 첫째, 주일과 의무 대축일에는 미사에 참례하고 육체 노동을 삼가해야 합니다. 둘째, 최소한 일 년에 한 번은 자기의 죄를 고백해야 합니다. 셋째, 적어도 일 년에 한 번 부활 시기에 성체를 받아 모셔야 합니다. 넷째, 교회가 정한 날에 금식재와 금육재를 지켜야 합니다. 다섯째, 교회의 필요에 지원해야 합니다.

가톨릭 주요 기도문

신앙생활에 도움이 되는 기도문을 모아 정리했습니다.

성호경

(십자성호를 그으며)

성부와 성자와 성령의 이름으로. 아멘.

주님의 기도

하늘에 계신 우리 아버지,
아버지의 이름이 거룩히 빛나시며
아버지의 나라가 오시며
아버지의 뜻이 하늘에서와 같이
땅에서도 이루어지소서!
오늘 저희에게 일용할 양식을 주시고
저희에게 잘못한 이를 저희가 용서하오니

저희 죄를 용서하시고
저희를 유혹에 빠지지 않게 하시고
악에서 구하소서. 아멘.

성모송

은총이 가득하신 마리아님, 기뻐하소서!
주님께서 함께 계시니 여인 중에 복되시며
태중의 아들 예수님 또한 복되시나이다.
천주의 성모 마리아님,
이제와 저희 죽을 때에
저희 죄인을 위하여 빌어 주소서. 아멘.

영광송

(밑줄 부분에서 고개를 깊이 숙이며)

영광이 성부와 성자와 성령께
처음과 같이 이제와 항상 영원히. 아멘.

사도 신경

전능하신 천주 성부
천지의 창조주를 저는 믿나이다.
그 외아들 우리 주 예수 그리스도님

(밑줄 부분에서 고개를 깊이 숙인다.)

성령으로 인하여 동정 마리아께 잉태되어 나시고
본시오 빌라도 통치 아래서 고난을 받으시고
십자가에 못 박혀 돌아가시고 묻히셨으며
저승에 가시어
사흗날에 죽은 이들 가운데서 부활하시고
하늘에 올라 전능하신 천주 성부 오른편에 앉으시며
그리로부터 산 이와 죽은 이를
심판하러 오시리라 믿나이다.
성령을 믿으며
거룩하고 보편된 교회와
모든 성인의 통공을 믿으며

죄의 용서와 육신의 부활을 믿으며
영원한 삶을 믿나이다. 아멘.

반성 기도

주님, 오늘 생각과 말과 행위로 지은 죄와
의무를 소홀히 한 죄를 자세히 살피고
그 가운데 버릇이 된 죄를 깨닫게 하소서. 아멘.

십계명

일. 한 분이신 하느님을 흠숭하여라.
이. 하느님의 이름을 함부로 부르지 마라.
삼. 주일을 거룩히 지내라.
사. 부모에게 효도하여라.
오. 사람을 죽이지 마라.
육. 간음하지 마라.
칠. 도둑질을 하지 마라.

팔. 거짓 증언을 하지 마라.
구. 남의 아내를 탐내지 마라.
십. 남의 재물을 탐내지 마라.

고백 기도

전능하신 하느님과 형제들에게 고백하오니
생각과 말과 행위로 죄를 많이 지었으며
자주 의무를 소홀히 하였나이다.
(가슴을 치며) 제 탓이요
(가슴을 치며) 제 탓이요
(가슴을 치며) 저의 큰 탓이옵니다.
그러므로 간절히 바라오니
평생 동정이신 성모 마리아와
모든 천사와 성인과 형제들은
저를 위하여 하느님께 빌어 주소서.
전능하신 하느님, 저희에게 자비를 베푸시어

죄를 용서하시고
영원한 생명으로 이끌어 주소서.
아멘.

통회 기도

하느님, 제가 죄를 지어
참으로 사랑받으셔야 할
하느님의 마음을 아프게 하였기에
악을 저지르고 선을 멀리한 모든 잘못을
진심으로 뉘우치나이다.
하느님의 은총으로 속죄하고
다시는 죄를 짓지 않으며
죄지을 기회를 피하기로 굳게 다짐하오니
우리 구세주 예수 그리스도의 수난 공로를 보시고
저에게 자비를 베풀어 주소서.
아멘.

삼덕송

신덕송

하느님, 하느님께서는 진리의 근원이시며
그르침이 없으시므로 계시하신 진리를
교회가 가르치는 대로 굳게 믿나이다.

망덕송

하느님, 하느님께서는 자비의 근원이시며
저버림이 없으시므로
예수 그리스도의 공로를 통하여 주실
구원의 은총과 영원한 생명을 바라나이다.

애덕송

하느님, 하느님께서는 사랑의 근원이시며
한없이 좋으시므로 마음을 다하여 주님을 사랑하며
이웃을 제 몸같이 사랑하나이다.

봉헌 기도

하느님, 저를 사랑으로 내시고
저에게 영혼 육신을 주시어
주님만을 섬기고 사람을 도우라 하셨나이다.
저는 비록 죄가 많사오나
주님께 받은 몸과 마음을 오롯이 도로 바쳐
찬미와 봉사의 제물로 드리오니
어여삐 여기시어 받아 주소서. 아멘.

삼종 기도

○ 주님의 천사가 마리아께 아뢰니
● 성령으로 잉태하셨나이다.

(성모송)

○ "주님의 종이오니
● 그대로 제게 이루어지소서!"

(성모송)

○ 이에 말씀이 사람이 되시어
● 저희 가운데 계시나이다.

(성모송)

○ 천주의 성모님,
저희를 위하여 빌어 주시어
● 그리스도께서 약속하신 영원한 생명을
얻게 하소서.
✛ 기도합시다.
하느님, 천사의 아룀으로
성자께서 사람이 되심을 알았으니
성자의 수난과 십자가로
부활의 영광에 이르는 은총을
저희에게 내려 주소서.
우리 주 그리스도를 통하여 비나이다.
◎ 아멘.

부활 삼종 기도

(예수 부활 대축일부터 성령 강림 대축일까지)

○ 하늘의 모후님, 기뻐하소서. 알렐루야.

● 태중에 모시던 아드님께서, 알렐루야.

○ 말씀하신 대로 부활하셨나이다. 알렐루야.

● 저희를 위하여 하느님께 빌어 주소서. 알렐루야.

○ 동정 마리아님, 기뻐하시며 즐거워하소서. 알렐루야.

● 주님께서 참으로 부활하셨나이다. 알렐루야.

✛ 기도합시다.

하느님, 성자 우리 주 예수 그리스도의 부활로 온 세상을 기쁘게 하셨으니
성자의 어머니 동정 마리아의 도움으로
영생의 즐거움을 얻게 하소서.
우리 주 그리스도를 통하여 비나이다.

◎ 아멘.

묵주 기도

환희의 신비

1단 • 마리아께서 예수님을 잉태하심을 묵상합시다.

2단 • 마리아께서 엘리사벳을 찾아보심을 묵상합시다.

3단 • 마리아께서 예수님을 낳으심을 묵상합시다.

4단 • 마리아께서 예수님을 성전에 바치심을 묵상합시다.

5단 • 마리아께서 잃으셨던 예수님을 성전에서 찾으심을 묵상합시다.

빛의 신비

1단 • 예수님께서 세례 받으심을 묵상합시다.

2단 • 예수님께서 카나에서 첫 기적을 행하심을 묵상합시다.

3단 • 예수님께서 하느님 나라를 선포하심을 묵상합시다.

4단 • 예수님께서 거룩하게 변모하심을 묵상합시다.

5단 • 예수님께서 성체성사를 세우심을 묵상합시다.

고통의 신비

1단 • 예수님께서 우리를 위하여 피땀 흘리심을 묵상합시다.

2단 • 예수님께서 우리를 위하여 매맞으심을 묵상합시다.

3단 • 예수님께서 우리를 위하여 가시관 쓰심을 묵상합시다.

4단 • 예수님께서 우리를 위하여 십자가 지심을 묵상합시다.

5단 • 예수님께서 우리를 위하여 십자가에 못 박혀 돌아가심을 묵상합시다.

영광의 신비

1단 • 예수님께서 부활하심을 묵상합시다.
2단 • 예수님께서 승천하심을 묵상합시다.
3단 • 예수님께서 성령을 보내심을 묵상합시다.
4단 • 예수님께서 마리아를 하늘에 불러올리심을 묵상합시다.
5단 • 예수님께서 마리아께 천상 모후의 관을 씌우심을 묵상합시다.

성모 찬송

○ 모후이시며 사랑이 넘친 어머니,
우리의 생명, 기쁨, 희망이시여,
● 당신 우러러 하와의 그 자손들이
눈물을 흘리며 부르짖나이다,
슬픔의 골짜기에서.
○ 우리들의 보호자 성모님,
불쌍한 저희를
인자로운 눈으로 굽어보소서.
● 귀양살이 끝날 때에
당신의 아들 우리 주 예수님 뵙게 하소서.
너그러우시고 자애로우시며
오! 아름다우신 동정 마리아님.
○ 천주의 성모님, 저희를 위하여 빌어 주시어
● 그리스도께서 약속하신
영원한 생명을 얻게 하소서.

✚ 기도합시다.
하느님,
외아드님께서 삶과 죽음과 부활로
저희에게 영원한 구원을 마련해 주셨나이다.
복되신 동정 마리아와 함께
이 신비를 묵상하며
묵주 기도를 바치오니
저희가 그 가르침을 따라
영원한 생명을 얻게 하소서.
우리 주 그리스도를 통하여 비나이다.
◎ 아멘.

식사 전 기도

✚ 주님, 은혜로이 내려 주신 이 음식과
저희에게 강복하소서.
우리 주 그리스도를 통하여 비나이다.
◎ 아멘.

식사 후 기도

✚ 전능하신 하느님, 저희에게 베풀어 주신
모든 은혜에 감사하나이다.
◎ 아멘.
✚ 주님의 이름은 찬미를 받으소서.
◎ 이제와 영원히 받으소서.
✚ 세상을 떠난 모든 이가
하느님의 자비로
평화와 안식을 얻게 하소서.
◎ 아멘.

일을 시작하며 바치는 기도

○ 오소서, 성령님.
저희 마음을 성령으로 가득 채우시어
저희 안에 사랑의 불이 타오르게 하소서.

● 주님의 성령을 보내소서.
저희가 새로워지리이다.
또한 온 누리가 새롭게 되리이다.

✚ 기도합시다.
하느님, 성령의 빛으로 저희 마음을 이끄시어
바르게 생각하고
언제나 성령의 위로를 받아 누리게 하소서.
우리 주 그리스도를 통하여 비나이다.
◎ 아멘.

일을 마치고 바치는 기도

(성모님께 보호를 청하는 기도)

천주의 성모님, 당신의 보호에
저희를 맡기오니 어려울 때에 저희의
간절한 기도를 외면하지 마시고
항상 모든 위험에서 저희를 구하소서.
영화롭고 복되신 동정녀시여.

아침 기도

(십자성호를 그으며)

+ 성부와 성자와 성령의 이름으로.
◎ 아멘.

○ 하늘에 계신 우리 아버지,
　아버지의 이름이 거룩히 빛나시며
　아버지의 나라가 오시며

아버지의 뜻이 하늘에서와 같이
땅에서도 이루어지소서!
● 오늘 저희에게 일용할 양식을 주시고
저희에게 잘못한 이를 저희가 용서하오니
저희 죄를 용서하시고
저희를 유혹에 빠지지 않게 하시고
악에서 구하소서.
◎ 아멘.

◎ 하느님, 저를 사랑으로 내시고
저에게 영혼 육신을 주시어
주님만을 섬기고 사람을 도우라 하셨나이다.
저는 비록 죄가 많사오나
주님께 받은 몸과 마음을 오롯이 도로 바쳐
찬미와 봉사의 제물로 드리오니
어여삐 여기시어 받아 주소서. 아멘.

✢ 우리 주 하느님께 권능과 영광
지혜와 굳셈이 있사오니
찬미와 감사와 흠숭을 영원히 받으소서.
◎ 아멘.

✢ 전능하신 하느님,
오늘도 저희 생각과 말과 행위를
주님의 평화로 이끌어 주소서.
◎ 아멘.

저녁 기도

(십자성호를 그으며)

✢ 성부와 성자와 성령의 이름으로.
◎ 아멘.

✢ 주님, 오늘 생각과 말과 행위로 지은 죄와

의무를 소홀히 한 죄를 자세히 살피고
그 가운데 버릇이 된 죄를 깨닫게 하소서.
(잠깐 반성한다.)

◎ 하느님,
제가 죄를 지어
참으로 사랑받으셔야 할
하느님의 마음을 아프게 하였기에
악을 저지르고 선을 멀리한 모든 잘못을
진심으로 뉘우치나이다.
하느님의 은총으로 속죄하고
다시는 죄를 짓지 않으며
죄지을 기회를 피하기로 굳게 다짐하오니
우리 구세주 예수 그리스도의
수난 공로를 보시고
저에게 자비를 베풀어 주소서. 아멘.

○ 하느님, 하느님께서는 진리의 근원이시며
그르침이 없으시므로
계시하신 진리를
교회가 가르치는 대로 굳게 믿나이다.

● 하느님, 하느님께서는 자비의 근원이시며
저버림이 없으시므로
예수 그리스도의 공로를 통하여 주실
구원의 은총과 영원한 생명을 바라나이다.

○ 하느님, 하느님께서는 사랑의 근원이시며
한없이 좋으시므로
마음을 다하여 주님을 사랑하며
이웃을 제 몸같이 사랑하나이다.

✚ 하늘에 계신 우리 아버지,
　오늘 하루도 이미 저물었나이다.
　이제 저희는 구세주 예수 그리스도를 통하여
　모든 천사와 성인과 함께 주님을 흠숭하며
　지금 이 순간까지 베풀어 주신
　주님의 사랑에 감사하나이다.
◎ 아멘.

✚ 전능하신 천주
　(십자성호를 그으며)
　성부와 ✚ 성자와 성령께서는
　저희에게 강복하시고 지켜 주소서.
◎ 아멘.

고해성사

1. 먼저 고해자는, 지은 죄를 모두 알아내고
2. 진정으로 뉘우치며
3. 다시는 죄를 짓지 않기로 굳게 결심하고
4. '고백기도'와 '통회기도'를 바친다.

(십자성호를 그으며)

● 성부와 성자와 성령의 이름으로.
아멘.
+ 하느님께서 우리 마음을 비추어 주시니 하느님의 자비를 굳게 믿으며 그동안 지은 죄를 사실대로 고백하십시오.
● 아멘.
● 고해한 지 (며칠, 몇 주일, 몇 달) 됩니다.

(알아낸 죄를 낱낱이 고백한다.)

(죄를 고백한 다음)

- 이 밖에 알아내지 못한 죄도
모두 용서하여 주십시오.

  (사제는 고해자에게 통회를 하도록 권고하고 보속을 준다.
  필요하다면 고해자에게 아래의 통회기도를 바치게 할 수 있다.)

- 하느님, 제가 죄를 지어
참으로 사랑받으셔야 할
하느님의 마음을 아프게 하였기에
악을 저지르고 선을 멀리한 모든 잘못을
진심으로 뉘우치나이다.
하느님의 은총으로 속죄하고
다시는 죄를 짓지 않으며
죄지을 기회를 피하기로 굳게 다짐하오니
우리 구세주 예수 그리스도의
수난 공로를 보시고

저에게 자비를 베풀어 주소서.

(사제는 고해자의 머리 위에 두 손을 얹거나 적어도 오른손을
 펴 들고 사죄경을 외운다.)

+ 인자하신 천주 성부께서는
  성자의 죽음과 부활로 세상을
  당신과 화해시키시고
  죄를 용서하시려고 성령을 보내 주셨으니
  교회의 직무를 통하여
  몸소 이 교우에게 용서와 평화를 주소서.

  나도 성부와 ✚ 성자와 성령의 이름으로
  이 교우의 죄를 용서합니다.
● 아멘.

◎ + 주님은 좋으신 분이시니 찬미합시다.
● 주님의 자애는 영원하시다.
+ 주님께서 죄를 용서해 주셨습니다.
평화로이 가십시오.
● 감사합니다.

성수 기도

○ 주님, 이 성수로 저의 죄를 씻어 주시고
마귀를 몰아내시며 악의 유혹을 물리쳐
주소서. 아멘.

(또는)

○ 주님, 이 성수로
세례의 은총을 새롭게 하시고
모든 악에서 보호하시어
깨끗한 마음으로 주님께 나아가게 하소서.
아멘.

성 토마스의 성체 찬미가

○ 엎드려 절하나이다.
눈으로 보아 알 수 없는 하느님,
두 가지 형상 안에 분명히 계시오나
우러러 뵈올수록 전혀 알 길 없기에
제 마음은 오직 믿을 뿐이옵니다.
● 보고 맛보고 만져 봐도 알 길 없고
다만 들음으로써 믿음 든든해지오니
믿나이다, 천주 성자 말씀하신 모든 것을.
주님의 말씀보다 더 참된 진리 없나이다.
○ 십자가 위에서는 신성을 감추시고
여기서는 인성마저 아니 보이시나
저는 신성, 인성을 둘 다 믿어 고백하며
뉘우치던 저 강도의 기도 올리나이다.
● 토마스처럼 그 상처를 보지는 못하여도
저의 하느님이심을 믿어 의심 않사오니

언제나 주님을 더욱더 믿고
　　바라고 사랑하게 하소서.
○ 주님의 죽음을 기념하는 성사여,
　　사람에게 생명 주는 살아 있는 빵이여,
　　제 영혼 주님으로 살아가고
　　언제나 그 단맛을 느끼게 하소서.
● 사랑 깊은 펠리칸, 주 예수님,
　　더러운 저를 주님의 피로 씻어 주소서.
　　그 한 방울만으로도 온 세상을
　　모든 죄악에서 구해 내시리이다.
○ 예수님, 지금은 가려져 계시오나
　　이렇듯 애타게 간구하오니
　　언젠가 드러내실 주님 얼굴 마주 뵙고
　　주님 영광 바라보며 기뻐하게 하소서.
◎ 아멘.

성 암브로시오의 사은 찬미가(Te Deum)

○ 찬미하나이다, 주 하느님.
주님이신 하느님을 찬양하나이다.
● 영원하신 아버지를
온 세상이 받들어 모시나이다.
○ 모든 천사들이
하늘과 세상의 권능 천사들이
케루빔과 세라핌이
끊임없이 목소리를 높여 노래하나이다.
● 거룩하시도다, 거룩하시도다, 거룩하시도다.
온 누리의 주 하느님
하늘과 땅에 가득 찬 엄위로우신 그 영광.
○ 영광에 빛나는 사도들의 모임
그 보람 드러나는 예언자들의 대열
눈부신 순교자들의 무리가
아버지를 드높이 기리나이다.

● 땅에서는 어디서나 거룩한 교회가
  그지없이 엄위하신 아버지를
  받들어야 할 아드님, 외아드님을
  아울러 보호자 성령님을 찬양하나이다.
○ 영광의 임금님이신 그리스도
  하느님 아버지의 영원하신 아드님
  인간을 구하시려
  동정녀의 태중을 꺼리지 않으시고
  몸소 인간이 되셨나이다.
● 죽음의 독침을 물리치시고
  믿는 이들에게 천국을 열어 주셨나이다.
○ 하느님의 오른편, 아버지의 영광 안에 계시며
  세상을 심판하러 오시리라 믿나이다.
● 보배로운 피로 구원받은 종들인 저희를
  보호하시기를 비오니
  저희도 성인들과 한 무리에 들어

영원토록 영광을 누리게 하소서.

아래〔 〕안의 노래는 생략할 수 있다.

〔○ 주님, 주님의 백성을 구원하시고
주님의 상속자들에게 강복하소서.
● 그 백성 주님께서 다스리시고
영원토록 이끌어 주소서.
○ 나날이 주님을 찬양하는 저희
세세 대대 주님 이름 찬미하리이다.
● 주님, 비오니
오늘 저희를 죄짓지 않도록 지켜 주소서.
○ 주님, 저희에게 자비를 베푸소서.
● 저희에게 자비를 베푸소서.
○ 주님, 저희가 주님께 바란 대로
저희에게 자비를 내리소서.
● 주님, 저희가 주님께 바랐사오니
영원토록 부끄러움 없으리이다.〕

가정을 위한 기도 1

○ 마리아와 요셉에게 순종하시며
가정생활을 거룩하게 하신 예수님,
저희 가정을 거룩하게 하시고
저희가 성가정을 본받아
주님의 뜻을 따라 살게 하소서.
● 가정생활의 자랑이며 모범이신
성모 마리아와 성 요셉,
저희 집안을 위하여 빌어 주시어
모든 가족이 건강하고 행복하게 하시며
언제나 주님을 섬기고
이웃을 사랑하며 살다가
주님의 은총으로
영원한 천상 가정에 들게 하소서.
◎ 아멘.

가정을 위한 기도 2

○ 사랑이요 생명이신 하느님 아버지,
세상의 모든 가정은
삼위일체 하느님에게서 비롯되었나이다.
● 여인에게서 태어나신
성자 예수 그리스도를 통하여
거룩한 사랑의 샘이신 성령의 도움으로
모든 가정이
생명과 사랑의 보금자리가 되게 하소서.
○ 부부들의 생각과 행위를
하느님의 은총으로 이끄시어
모든 가정의 선익에 이바지하게 하소서.
● 자녀들은 가정에서
자신들의 존엄성을 깨닫고
진리와 사랑으로 성숙하게 하소서.
○ 저희 가정이 겪는 모든 어려움을

혼인성사의 은총으로 극복하게 하소서.
- 나자렛 성가정의 전구를 통하여
가정이 성화되고
가정을 통하여 세상이 성화되게 하소서.
○ 길이요 진리요 생명이신
우리 주 그리스도를 통하여 비나이다.
◎ 아멘.

성모님께 자기를 바치는 기도

○ 천주의 성모 마리아님,
저희는 비록 성모님을 모시기에
합당치 않사오나
성모님의 사랑을 굳게 믿으며
모든 천사와 더불어
성모님을 어머니로 모시는 저희를
자애로이 지켜 주소서.

● 저희는 성모님의 아들 예수님을
  더욱 충실히 섬기며
  어머니 슬하에 살기로 약속하나이다.
○ 십자가에 높이 달리신 예수님께서는
  숨을 거두시며
  당신 자신은 성부께 맡기시고
  성모님은 제자에게,
  제자는 성모님께 맡기셨나이다.
● 지극히 거룩하신 어머니,
  십자가 밑에서 맺어진 모자의 인연으로
  저희를 품에 안아 주시고
  온갖 위험과 고통 중에 돌보아 주시며
  죽을 때에 저희를 저버리지 마소서.
◎ 아멘.

부모를 위한 기도

○ 인자하신 하느님,
하느님께서는 부모를 사랑하고 공경하며
그 은덕에 감사하라 하셨으니
저희가 효성을 다하여 부모를 섬기겠나이다.
● 저희 부모는 저희를 낳아 기르며
갖은 어려움을 기쁘게 이겨 냈으니
이제는 그 보람을 느끼며
편히 지내게 하소서.
○ 주님, 저희 부모에게 강복하시고
은총으로 지켜 주시며
마침내 영원한 행복을 누리게 하소서.
우리 주 그리스도를 통하여 비나이다.
◎ 아멘.

자녀를 위한 기도

○ 세상을 창조하신 하느님,
  하느님께서는 저희에게 귀한 자녀를 주시어
  창조를 이어가게 하셨으니
  주님의 사랑으로 자녀를 길러
  주님의 영광을 드러내게 하소서.

● 주님, 사랑하는 저희 자녀를
  은총으로 보호하시어
  세상 부패에 물들지 않게 하시며
  온갖 악의 유혹을 물리치고
  예수님을 본받아
  주님의 뜻을 이루는 일꾼이 되게 하소서.
  우리 주 그리스도를 통하여 비나이다.

◎ 아멘.

부부의 기도

○ 인자하신 하느님 아버지,
혼인성사로 저희를 맺어 주시고
보살펴 주시니 감사하나이다.

● 이제 저희가 혼인 서약을 되새기며 청하오니
저희 부부가 그 서약을 따라
즐거울 때나 괴로울 때나
잘살 때나 못살 때나
성할 때나 아플 때나
서로 사랑하고 존경하며
신의를 지키게 하소서.

○ 또 청하오니
언제나 주님을 찬미하는 저희 부부의 삶이
주님의 사랑을 드러내는 성사가 되게 하소서.
우리 주 그리스도를 통하여 비나이다.

◎ 아멘.

병자를 위한 기도

○ 전능하시고 영원하신 하느님 아버지,
아버지께서는 앓는 사람에게 강복하시고
갖가지 은혜로 지켜 주시니
주님께 애원하는 저희 기도를 들으시어
(아무)의 병을 낫게 하시며
건강을 도로 주소서.
● 주님의 손으로 일으켜 주시고
주님의 팔로 감싸 주시며
주님의 힘으로 굳세게 하시어
더욱 힘차게 살아가게 하소서.
◎ 아멘.

선종을 위한 기도

죽음을 이기고 부활하신 주님,
저에게 선종하는 은혜를 주시어
죽음을 맞는 순간에도
영원한 천상 행복을 생각하고
주님을 그리워하며
기꺼이 죽음을 받아들이게 하소서.
아멘.

세상을 떠난 부모를 위한 기도

○ 주님,
주님께서는 부모를 효도로 공경하며
은혜를 갚으라 하셨나이다.

● 세상을 떠난
부모(아버지 또는 어머니)를 생각하며 기도하오니
세상에서 주님을 섬기고
주님의 가르침을 따랐던
그들(그)에게 자비를 베푸시어
영원한 행복을 누리게 하소서.

○ 또한 저희는
부모(아버지 또는 어머니)를 생각하여
언제나 서로 화목하고 사랑하며
주님의 뜻에 따라 살아가게 하소서.

◎ 아멘.

위령 기도

(십자성호를 그으며)

✝ 성부와 성자와 성령의 이름으로.
◎ 아멘.

✝ 지극히 인자하신 아버지,
저희는 그리스도를 믿으며 살다가
이 세상을 떠난 모든 이가
마지막 날에 그리스도와 함께
부활하리라 굳게 믿으며
(아무)의 영혼을 아버지 손에
맡겨 드리나이다.

○ 이 주님의 종이 세상에 살아 있을 때에
무수한 은혜를 베푸시어
아버지의 사랑과
그리스도 안에서

모든 성인의 통공을 드러내 보이셨으니
감사하나이다.
- 주님, 저희 기도를 자애로이 들으시어
이 주님의 종에게
천국 낙원의 문을 열어 주시고
남아 있는 저희는
그리스도 안에서 모두 다시 만나
주님과 형제들과 함께
영원한 행복을 누릴 때까지
믿음의 말씀으로
서로 위로하며 살게 하소서.
우리 주 그리스도를 통하여 비나이다.
◎ 아멘.

시편 130(129)

○ 깊은 구렁 속에서

주님, 당신께 부르짖나이다.
- 주님, 제 소리를 들어 주소서.
 애원하는 제 소리에 당신 귀를 기울이소서.
- 주님, 당신이 죄악을 헤아리신다면
 주님, 감당할 자 누구이리까?
- 당신은 용서하는 분이시니
 사람들이 당신을 경외하리이다.
- 나 주님께 바라네.
 내 영혼이 주님께 바라며
 그분 말씀에 희망을 두네.
- 파수꾼이 새벽을 기다리기보다
 내 영혼이 주님을 더 기다리네.
- 파수꾼이 새벽을 기다리기보다
 이스라엘이 주님을 더 기다리네.
- 주님께는 자애가 있고
 풍요로운 구원이 있네.

○ 바로 그분이 이스라엘을
　모든 죄악에서 구원하시리라.
+ 주님, (아무)에게 영원한 안식을 주소서.
◎ 영원한 빛을 그에게 비추소서.

시편 51(50), 3-21

○ 하느님, 당신 자애로 저를 불쌍히 여기소서.
　당신의 크신 자비로
　저의 죄악을 없애 주소서.
● 제 허물을 말끔히 씻어 주시고
　제 잘못을 깨끗이 지워 주소서.
○ 제 죄악을 제가 알고 있사오며
　제 잘못이 언제나 제 앞에 있나이다.
● 당신께, 오로지 당신께 잘못을 저지르고
　당신 눈앞에서 악한 짓을 하였사오니
○ 판결을 내리셔도 당신은 의로우시고

심판을 내리셔도 당신은 떳떳하시리이다.
● 보소서, 저는 죄 중에 태어났고
　　　허물 중에 제 어미가 저를 배었나이다.
○ 그러나 당신은 가슴속 진실을 기뻐하시고
　　　남몰래 저에게 지혜를 주시나이다.
● 우슬초로 정화수를 뿌리소서.
　　　제가 깨끗해지리이다.
○ 저를 씻어 주소서.
　　　눈보다 더 희어지리이다.
● 기쁨과 즐거움을 맛보게 하소서.
　　　당신이 부수신 뼈들이 춤을 추리이다.
○ 저의 허물에서 당신 얼굴을 돌리시고
　　　저의 모든 죄를 없애 주소서.
● 하느님, 제 마음을 깨끗이 만드시고
　　　제 안에 굳건한 영을 새롭게 하소서.
○ 당신 앞에서 저를 내치지 마시고

당신의 거룩한 영을 제게서 거두지 마소서.
- 구원의 기쁨을 제게 돌려주시고
  순종의 영으로 저를 받쳐 주소서.
○ 저는 악인들에게 당신의 길을 가르치리니
  죄인들이 당신께 돌아오리이다.
- 하느님, 제 구원의 하느님,
  죽음의 형벌에서 저를 구하소서.
  제 혀가 당신 의로움에 환호하오리다.
○ 주님, 제 입술을 열어 주소서.
  제 입이 당신을 찬양하오리다.
- 당신은 제사를 즐기지 않으시기에
  제가 번제를 드려도 반기지 않으시리이다.
○ 하느님께 드리는 제물은 부서진 영.
  부서지고 뉘우치는 마음을
  하느님, 당신은 업신여기지 않으시나이다.
- 당신의 자애로 시온을 돌보시어

예루살렘의 성을 쌓아 주소서.
○ 그때에 당신이 의로운 희생 제사,
　　　제물과 번제를 즐기시리이다.
　　　그때에 사람들이 수소를
　　　당신 제단 위에 바치리이다.
✚ 주님, (아무)에게 영원한 안식을 주소서.
◎ 영원한 빛을 그에게 비추소서.
✚ 주님, 저희의 기도를 들어주소서.
◎ 또한 저희의 부르짖음이
　　　주님께 이르게 하소서.

다음 기도문 가운데 하나를 골라서 바친다.

1. 사망일부터 장례일까지

✚ 기도합시다.
　　　언제나 저희를 불쌍히 여기시어
　　　너그러이 용서하시는 하느님,

(오늘) 이 세상을 떠난 (아무)를 기억하시어
사탄의 손에 넘기지 마시고
거룩한 천사들이
천상 낙원으로 데려가게 하소서.
(아무)는 세상에서 주님을 바라고 믿었사오니
지옥 벌을 면하고
영원한 기쁨을 얻게 하소서.
우리 주 그리스도를 통하여 비나이다.
◎ 아멘.

2. 장례 후 탈상일까지

+ 기도합시다.
주님, 세상을 떠난 (아무)를 생각하며 비오니
주님의 성인들과
뽑힌 이들 반열에 들어
주님의 영원한 기쁨을 누리게 하소서.

우리 주 그리스도를 통하여 비나이다.
◎ 아멘.

3. 기일에는

+ 기도합시다.
　너그러우신 주 하느님,
　(아무)의 기일을 맞이하여 비오니
　그에게 영원한 안식과 평화를 주시고
　세상에 사는 저희는
　주님의 말씀을 따라 살게 하소서.
　우리 주 그리스도를 통하여 비나이다.
◎ 아멘.

4. 설이나 한가위에는

+ 기도합시다.
　주님, 세상을 떠난 조상들을 생각하며 비오니

그들이 주님의 성인들과
뽑힌 이들 반열에 들어
주님의 영원한 기쁨을 누리게 하소서.
우리 주 그리스도를 통하여 비나이다.
◎ 아멘.

(모두 무릎을 꿇고 '주님의 기도', '성모송'을 각각 한 번씩 하고 아래의 기도로 위령 기도를 마친다.)

✚ 주님, (아무)에게 영원한 안식을 주소서.
◎ 영원한 빛을 그에게 비추소서.
✚ (아무)와 세상을 떠난 모든 이가
하느님의 자비로
평화의 안식을 얻게 하소서.
◎ 아멘.

세상을 떠난 형제, 친척, 친구, 은인을 위한 기도

○ 사람의 구원을 기뻐하시는 하느님,
저희와 함께 주님을 섬기고
서로 사랑하며
구원의 길을 걸어온
저희 형제와 친척,
친구와 은인을 위하여
주님의 자비를 간구하오니
저희 기도를 들으시고
그들이 주님의 나라에서
영원한 행복을 누리게 하소서.
◎ 아멘.

새해를 맞이하며 바치는 기도

○ 시작이요 마침이신 주 예수님,
 지난 한 해 동안
 베풀어 주신 은혜에 감사하나이다.
● 저희가 지은 죄를 모두 용서하시고
 더욱 큰 은혜를 베풀어 주시어
 새해에는 나쁜 습관을 버리고
 맡은 책임을 다하여
 가정과 사회 발전에 이바지하게 하소서.
○ 또한 저희 생각과 말과 행위를
 주님께 바치오니
 하느님의 영광과
 모든 사람의 구원을 위하여
 열심히 일하도록 도와주소서.
◎ 아멘.

성령 송가

오소서. 성령님.
당신의 빛 그 빛살을 하늘에서 내리소서.
가난한 이 아버지, 은총의 주님
오시어 마음에 빛을 주소서.
가장 좋은 위로자, 영혼의 기쁜 손님,
생기 돋워 주소서.
일할 때에 휴식을, 무더울 때 바람을,
슬플 때에 위로를. 지복의 빛이시여,
저희 맘 깊은 곳을 가득히 채우소서.
주님 도움 없으면 저희 삶 그 모든 것
이로운 것 없으리.
허물은 씻어 주고 마른 땅 물 주시고
병든 것 고치소서.
굳은 맘 풀어 주고 찬 마음 데우시고
바른 길 이끄소서.

성령님을 믿으며 의지하는 이에게
칠은을 베푸소서.
공덕을 쌓게 하고 구원의 문을 넘어
영복을 얻게 하소서.
아멘.